Made in the USA
Las Vegas, NV
23 February 2024

86083187R00069